Jon Scieszka's TRUCKTOWN
en Calle de la Lectura

# EL TRINEO ROJO

PEARSON

Glenview, Illinois • Boston, Massachusetts • Chandler, Arizona
Shoreview, Minnesota • Upper Saddle River, New Jersey

Cuando nieva, Carlos pasea.
Carlos ama la nieve.

Carlos va rápido.

Va muy rápido.

¡Fíjate cómo sube!

Sube, sube rápido.

¡Fíjate cómo baja!
Baja, baja rápido.

¡Ojo, Carlos!

¡Carlos cae, cae, cae!

¡Después cae más abajo!

Carlos baja.

¡Baja como un trineo rojo!